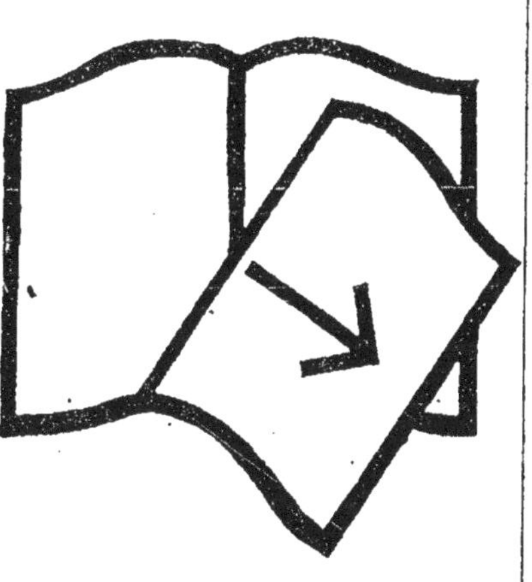

Couverture inférieure manquante

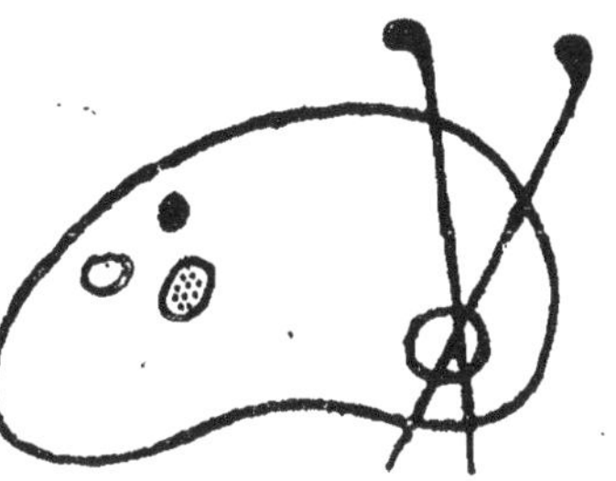

Début d'une série de documents en couleur

J. DE LIEBIG

SUR UN

NOUVEL ALIMENT

POUR NOURRISSONS

(LA BOUILLIE DE LIEBIG)

AVEC INSTRUCTIONS

POUR SA PRÉPARATION ET SON EMPLOI

PARIS
C. REINWALD, LIBRAIRE-ÉDITEUR
15, RUE DES SAINTS-PÈRES, 15

1867

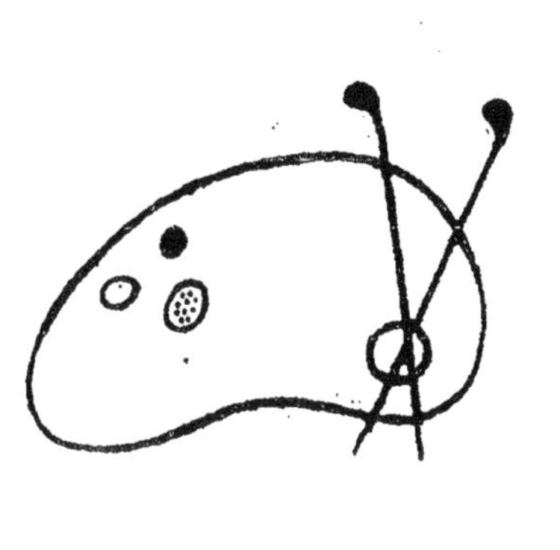

Fin d'une série de documents
en couleur

SUR UN

NOUVEL ALIMENT

POUR NOURRISSONS

IMPRIMERIE J. CLAYE
RUE SAINT BENOIT 7
PARIS

J. DE LIEBIG

SUR UN NOUVEL ALIMENT POUR NOURRISSONS

(LA BOUILLIE DE LIEBIG)

AVEC INSTRUCTIONS
POUR SA PRÉPARATION ET SON EMPLOI

PARIS
C. REINWALD, LIBRAIRE-ÉDITEUR
15, RUE DES SAINTS-PÈRES, 15

1867

SUR UN

NOUVEL ALIMENT

POUR NOURRISSONS.

La grande mortalité des enfants pendant la première année qui suit la naissance, dans les grandes villes, a appelé, dans ces derniers temps, l'attention sérieuse des médecins français.

On a fait des observations analogues en Allemagne, et les tableaux statistiques du grand-duché de Bade, publiés par M. Dietz, fournissent des documents irrécusables qui prouvent que la mortalité des enfants est relativement plus forte dans les contrées où la mère est obligée de contribuer par son travail au soutien matériel de la famille.

Ainsi, dans la plaine située entre la forêt Noire, l'Odenwald et le Rhin, contrée très-fertile, la mortalité est de 15 à 18 pour 100, et dans les parties montagneuses de la forêt Noire, où les moyens d'existence s'acquièrent plus difficilement, elle s'accroît jusqu'à 42 pour 100 dans la première année. La même progression a été constatée en Bavière.

Beaucoup de médecins allemands considèrent l'alimentation des enfants, au moyen de la bouillie ordinaire faite de farine et de lait, comme une des causes de cet affligeant état de choses. La composition chimique de la farine de froment est, en effet, telle, qu'elle explique d'une manière évidente son action nuisible sur l'hygiène de l'enfance; elle possède une réaction acide et laisse, après l'incinération, des phosphates acides qui ne sauraient fournir dans la digestion la quantité d'alcali pour la formation du sang.

Appelé, il y a deux ans et demi, à réfléchir sur une nourriture propre à l'alimentation de deux de mes petits-enfants, qui ne pouvaient être nourris par leurs mères, je me suis occupé d'une série d'expériences pour préparer un aliment mieux approprié que la bouillie aux besoins de l'enfant.

On comprend sans peine de quelle importance doit être le choix d'un pareil aliment pour les mères qui n'ont pas le bonheur de pouvoir nourrir elles-mêmes leurs enfants, ou qui n'ont pas assez de lait pour leur nourrisson. L'habitude ou le caprice en décident le plus souvent, et comme les lois si simples de la nutrition, qui devraient guider ce choix, sont d'ordinaire complétement ignorées des personnes qui se chargent de le faire, il arrive fréquemment que, dès l'âge le plus tendre, le développement physique des enfants se trouve compromis par la manière dont on les nourrit.

On peut dire, en thèse générale, qu'un enfant, privé du lait maternel, à moins d'être confié à une nourrice (dont le choix, toujours difficile, présente souvent d'autres dangers), ne sera nourri d'une manière rationnelle que si les aliments qu'on lui fait prendre ont la même valeur nutritive que le lait de femme.

Pour rendre cela plus clair, il sera peut-être utile de rappeler qu'il existe dans le lait deux sortes de substances qui jouent des rôles différents dans l'économie animale : les substances *plastiques* et les substances *respiratoires*. La *caséine*, substance plastique, forme l'élément essentiel du sang, qui fournit à son tour l'élément principal de la chair; le *beurre* et le *sucre de lait*, substances respiratoires, subissent d'autres transformations, et servent, en définitive, à entretenir la chaleur animale.

Les aliments de l'homme et le fourrage des bestiaux offrent une composition qui ressemble à celle du lait, en ce sens qu'on y rencontre toujours les éléments plastiques associés aux éléments respiratoires : une substance qui remplit le rôle de la caséine, et une autre qui remplit celui de la graisse et du sucre de lait. Le but final de la nutrition est toujours l'hématose, ou la création du sang et de la chair, et l'entretien de la température du corps.

Les graines des céréales renferment une substance qui est identique au caséum coagulé ; les graines des légumineuses, — les pois et les fèves, — une substance identique à la matière caséeuse telle qu'on la trouve dans le lait. Si la farine du blé ne contient pas de sucre de lait, et seulement une faible proportion de corps gras, en revanche elle est riche en âmidon, qui se transforme en sucre dans l'estomac.

Le rapport qui existe entre les principes plastiques et les principes respiratoires d'un aliment est loin d'être indifférent pour le développement normal de l'être vivant. Pour que son poids augmente par la croissance, l'individu n'a pas seulement besoin d'une dose progressive de nourriture, il faut encore que dans ses aliments le rapport entre les principes plastiques et respiratoires *varie suivant son âge.*

Le grand mérite de Haubner est d'avoir fait comprendre aux éleveurs, par la pratique, l'importance du rapport qui doit exister entre les deux classes de principes dans les aliments destinés au bétail, circonstance sur laquelle j'avais appelé l'attention dans mes *Lettres sur la chimie*. Depuis cette époque, les admirables recherches de Henneberg, Stohmann, Lehmann, Knop, Arendt, Baehr, Pincus et de tant d'autres, ont fourni les bases d'une théorie rationnelle de l'alimentation. Cette théorie permet au cultivateur, qui élève pour la boucherie ou la laiterie, de remplacer le lait, dans le régime des veaux, ou le foin, l'aliment universel des herbivores, par des mélanges obtenus avec les fourrages qu'il a à sa disposition, tels que navets, paille d'avoine et de seigle, pommes de terre, tourteaux de colza, farine des légumineuses, etc., de manière que ces mélanges produisent les mêmes effets que le lait ou le foin.

Les recherches qui viennent d'être citées ont démontré que les deux principes dont se composent les aliments produisent un maximum d'effet utile lorsqu'ils sont administrés dans la proportion qui convient à l'âge et aux besoins de chaque individu.

Un excès de substances plastiques peut, il est vrai, suppléer à l'insuffisance des éléments respiratoires, mais les substances plastiques perdent alors le pouvoir d'augmenter le poids du corps. Quant aux éléments respiratoires, ils ne sont point propres à former du sang; s'ils sont en excès, cet excès perd toute utilité.

Je suppose ici que l'on donne à l'individu autant d'aliments qu'il en faut pour satisfaire son appétit.

Prenons qu'un enfant, rien que pour conserver son poids, a besoin de 15 grammes de substances plastiques; il les trouvera dans une nourriture composée de pommes de terre, s'il est en état de manger une livre et demie (750 grammes) de pommes de terre bouillies par jour; pour augmenter en poids, il lui en faudrait davantage.

La pomme de terre renferme, pour une partie de substances plastiques, de 9 à 10 parties de substances respiratoires (fécule). Les 750 grammes de pommes de terre bouillies représentent donc 150 gr. de fécule, dont la moitié seulement sert à produire de la chaleur; le reste passe dans le canal intestinal sans donner d'effet utile.

Dans 150 gr. de pois, il y a 30 gr. de substance plastique, c'est-à-dire autant que dans 3 livres de pommes de terre, et 75 gr. d'amidon. Un mélange de 750 gr. de pommes de terre et de 150 gr. de pois en bouillie renferme donc les éléments suivants :

			SUBSTANCES	
			plastiques	respiratoires
	750 grammes	de pommes de terre.	15 gr.	150 gr.
	150 »	pois............	30	75
Total..	900 gr.		45 gr.	225 gr.

Ici le rapport des substances plastiques aux substances respiratoires est de 1 à 5 ; c'est celui qui convient aux besoins du jeune corps. Si l'on donnait à un enfant 450 gr. du mélange ci-dessus (22 gr. 5 de substances plastiques et 112 gr. 5 de substances respiratoires), non-seulement il aurait moins de peine à les assimiler qu'à digérer les 750 gr. de pommes de terre données seules, qui n'ont servi qu'en partie à le nourrir, mais il aurait encore, sous un volume moins considérable, pris une plus forte quantité ($^1/_2$ en plus) de substance plastique, et cet excès est nécessaire à l'enfant pour croître, c'est-à-dire pour augmenter en poids.

Cet exemple fera comprendre les principes qui m'ont guidé dans la préparation d'un aliment pour les nourrissons. Ainsi qu'il a été dit plus haut, les résultats remarquables obtenus dans l'alimentation des bestiaux ont démontré à l'évidence l'importance pratique de ces principes.

La composition du lait n'est pas constante ; les proportions de la caséine, du sucre de lait et du beurre, varient avec la nourriture. D'après les analyses de Haidlén, le lait d'une femme saine contenait, dans 1000 parties, 31 de caséine, 43 de sucre de lait et 34 de beurre. Le lait de femme est en général plus pauvre en caséine que le lait de vache.

Pour évaluer les qualités nutritives d'un lait donné, il ne suffit pas de considérer simplement la proportion de la caséine, du sucre de lait et de beurre.

On sait, en effet, que la quantité de chaleur produite par une partie de graisse est de beaucoup supérieure à celle produite par une égale partie de sucre de lait; il est donc évident que l'effet respiratoire de ces deux matières est très-différent, et, comme le lait renferme du beurre et du sucre de lait en quantité très-variable, il s'ensuit qu'on ne peut pas déterminer la valeur physiologique d'un lait donné par les nombres qui indiquent le rapport de la caséine aux éléments respiratoires : sucre et beurre pris ensemble. Conformément aux principes que j'ai exposés dans mes *Lettres sur la chimie*, principes qui sont admis par tous les physiologistes, il faut, pour arriver à des rapports exacts entre ces éléments, transformer par le calcul la graisse et le sucre en leur valeur équivalente d'amidon. C'est à l'aide des nombres qu'on obtient alors qu'on parvient à déterminer exactement la valeur nutritive des aliments du règne animal, tels que chair et lait, et la valeur des aliments provenant du règne végétal. De cette manière, on pourra comparer les différentes sortes de lait entre elles et avec la farine de froment.

En admettant que 18 parties de beurre produisent la même quantité de chaleur que 24 parties d'amidon, et que 18 parties de sucre de lait donnent la même chaleur que 16 parties d'amidon, on trouve, lorsqu'on exprime le beurre et le sucre de lait en amidon, les rapports suivants :

	ÉLÉMENTS		
	plastiques		respiratoires
Dans le lait de femme...........	10	à	38
Dans le lait de vache............	10	à	30
Dans le lait de vache écrémé......	10	à	25
Dans la farine de froment........	10	à	50

Le lait de femme est plus pauvre en sels que le lait de vache, mais il a une réaction alcaline plus forte et contient plus d'alcali libre; cet alcali, dans les différentes sortes de lait, est la *potasse*.

Il est évidemment facile de calculer une bouillie, ou un mélange de lait et de farine, qui contienne les principes plastiques et respiratoires dans les proportions exactes où ils se trouvent dans le lait de femme; mais sous d'autres rapports ce mélange ne saurait le remplacer, puisque la farine de blé a une réaction acide et contient beaucoup moins d'alcali que le lait de femme, beaucoup moins donc (nous devons le supposer) qu'il n'en faut pour la production normale du sang. D'un autre côté, si l'amidon n'est pas impropre à nourrir l'enfant, il n'en est pas moins vrai que, par sa transformation en sucre dans l'estomac, il impose à l'organisme un travail inutile, qu'on lui épargne en amenant préalablement l'amidon sous les formes solubles de sucre et de dextrine. Ceci peut se faire aisément quand à la farine de froment on ajoute une certaine quantité de farine de malt. Lorsqu'on fait bouillir du lait avec de la farine de blé, de manière à former une bouillie épaisse, et qu'on ajoute ensuite une certaine quantité de farine de malt, le mélange chaud, au bout de quelques minutes, devient liquide et prend une saveur sucrée.

C'est sur cette transformation de l'amidon en sucre et sur l'addition d'alcali au lait que repose la préparation du nouvel aliment que je vais faire connaître.

Le lait écrémé qui se trouve dans le commerce contient rarement plus de 11 pour 100 de substances fixes décomposables par la chaleur (4 de caséine, 4,5 de sucre de lait, 2,5 de beurre); 10 parties de lait de vache, une partie de farine de froment et une partie de farine de malt, donnent un mélange qui possède à peu près exactement la même valeur nutritive que le lait de femme.

	ÉLÉMENTS	
	plastiques	respiratoires
10 p. lait de vache	0,40	1,00
1 p. farine de froment	0,14	0,74
1 p. farine de malt	0,07	0,58
Total	0,61	2,32
Rapport	= 10	: 38

La farine de malt contient 11 pour 100 de principes plastiques, mais il n'en passe dans la bouillie que 7 pour 100.

Comme la farine de froment et la farine de malt renferment beaucoup moins d'alcali que le lait de femme, il faut en ajouter lorsqu'on prépare la bouillie. J'ai reconnu que l'addition de $^1/_2$ gr. de bicarbonate de potasse, ou de 3 gr. (30 gouttes) d'une solution alcaline qui renferme soit 2 parties de bicarbonate dissoutes dans 11 parties d'eau, soit 1 partie de carbonate dans 8 parties d'eau, suffit pour neutraliser la réaction acide de 15 gr. de chacune des deux espèces de farine.

Le bouillie se prépare de la manière suivante :

On met une partie de farine de froment (15 gr.) dans le vase où l'on doit faire bouillir la préparation, on ajoute le lait (150 gr.) par petites doses en remuant continuellement et en évitant avec soin que la farine ne se prenne en grumeaux ; on chauffe le mélange, en agitant sans cesse, jusqu'à ébullition ; on laisse bouillir pendant 3 ou 4 minutes et on enlève du feu.

On pèse alors une partie (15 gr.) de farine de malt, que l'on mêle soigneusement avec 30 gouttes (3 gr.) de la solution alcaline et avec 2 parties (30 gr.) d'eau; on ajoute ce mélange à la bouillie en ayant soin d'agiter ; on couvre le vase pour empêcher le refroidissement et on laisse reposer pendant une demi-heure.

Il est bon de placer le vase, après l'addition de la farine de malt, dans de l'eau presque bouillante ou dans un endroit chaud, afin que le mélange conserve plus longtemps sa température ; on l'obtient ainsi plus liquide et plus doux. — Au bout de 15 à 20 minutes, on remet le tout sur le feu, on fait bouillir quelques instants et l'on verse ensuite la bouillie sur un tamis serré de fil ou de crin qui retient les matières fibreuses de l'orge. Avant de donner ce lait à l'enfant, il convient de l'abandonner au repos pour qu'il laisse déposer les matières fibreuses fines qui sont restées en suspension.

Pour ceux qui connaissent la fabrication de la bière, il sera inutile de rappeler qu'après l'addition du malt la température ne doit pas dépasser 66° centigrades. Le procédé que nous venons d'indiquer a été combiné de telle manière qu'en tenant compte du temps nécessaire pour peser et pour mêler l'eau avec la farine de malt, le mélange n'a plus, après l'addition du malt à la bouillie, qu'une température de 66° centigrades.

Le procédé suivant est plus simple, et, d'après ce qu'assurent les cuisinières, plus facile à suivre que le premier.

On pèse 15 gr. de farine de froment et 15 gr. de

farine de malt; on ajoute 30 gouttes de la solution alcaline, ou bien $^1/_2$ gr. de bicarbonate de potasse, et on fait le mélange. On ajoute ensuite, en mêlant toujours, d'abord 30 gr. d'eau, puis 150 gr. de lait. On chauffe sur un feu très-doux, en agitant continuellement, jusqu'à ce que le mélange commence à s'épaissir; alors on retire le vase du feu et on remue pendant 5 minutes: on chauffe de nouveau et on enlève encore quand la bouillie redevient épaisse; enfin on porte le tout à l'ébullition. Lorsqu'elle a été passée par un tamis fin, la bouillie est propre à l'usage.

Farine de froment. — On choisit de la farine récente ordinaire, non la farine la plus fine ou celle qui passe la première et qui est plus riche en amidon que l'autre.

Malt. — On se procure facilement chez les brasseurs du malt d'orge, ou de l'orge germée. En Allemagne, ou plutôt à Munich, le malt est tellement séché, que l'amidon de beaucoup de graines paraît à moitié torréfié. Ce malt, employé à la préparation de la bouillie, lui communique un goût de pain qui n'est pas désagréable. Ordinairement le malt contient beaucoup de graines étrangères qu'on doit enlever à la main. Un moulin à café ordinaire sert à la préparation de la farine de malt; on doit toutefois en séparer les parties corticales au moyen d'un tamis pas trop fin. Le malt d'orge est préférable au malt obtenu d'avoine, de froment ou de seigle.

Carbonate de potasse. — Pour préparer la solution on peut faire usage du carbonate de potasse purifié (*kali carbonicum depuratum*) des pharmaciens. On fait dissoudre dans 1 litre d'eau 125 gr. de carbonate neutre. Si l'on prend de l'eau de source, il se dépose un peu de carbonate de chaux ; abandonnée pendant une heure, la solution deviendra parfaitement limpide. Le sel ne doit pas être visqueux ou humide.

Observation. — On peut s'éviter l'ennui de peser la farine, en remarquant qu'une cuillerée *comble* de farine de froment, ou une cuillerée *rase* de farine de malt, pèse à très-peu près 15 gr.

Pour mesurer la solution de potasse, on peut prendre un dé à coudre, qu'on choisira d'une capacité telle qu'il tienne 3 gr. de la solution (2,8 centim. cubes).

Pour le lait et l'eau, il suffira de faire peser chez un pharmacien, dans un verre ordinaire, d'abord 30, puis 150 gr. d'eau, et de marquer sur le verre, par deux coups de lime ou par deux bandes de papier collées, les niveaux que ces deux quantités doivent atteindre.

Le lait artificiel préparé d'après ma recette, est aussi doux que le lait naturel, et l'on peut se dispenser d'y mettre du sucre. Il a une *concentration double de celle du lait de femme*. Sa consistance est telle, qu'il peut être administré par le moyen d'un biberon. Avant de le donner à un nourrisson, il faut couper le lait artificiel avec son volume d'eau, et au commencement avec une quantité d'eau encore plus grande.

S'il a été chauffé jusqu'à l'ébullition, il se conserve en été pendant vingt-quatre heures. Si on néglige de le faire bouillir, il s'aigrit, il se caille comme du lait ordinaire. Si la potasse a été oubliée, on ne peut, le plus souvent, le faire bouillir sans qu'il se caille. L'absence de potasse lui fait perdre une partie de ses qualités digestives, et les enfants le refusent au bout de quelques jours.

Ce lait artificiel constitue un excellent moyen d'alimentation; j'en use fréquemment moi-même à mon déjeuner, en le mêlant avec une égale quantité de thé. Il remplace dans le café une bonne crème.

Un léger goût de farine ou de malt, qu'il présente, n'est pas un inconvénient. Les enfants s'y habituent bientôt tellement, qu'ils préfèrent cet aliment à tout autre. Beaucoup de légères indispositions et de souffrances se perdent chez eux après un usage prolongé de mon lait artificiel, sans autre remède.

J'ai déjà dit que le motif qui m'avait tout d'abord engagé à m'occuper de la préparation d'un aliment de ce genre était la nécessité de procurer à deux de mes petits-fils un succédané du lait maternel.

Les pères de mes deux petits-enfants sont médecins et parfaitement en état d'apprécier les effets de mon lait artificiel; fort de leur assentiment, et après avoir acquis, par une expérience de six mois, la conviction que ce lait constitue un moyen parfait d'alimentation, j'ai publié la description de sa préparation et les principes sur lesquels elle est fondée, dans mes *Annales de chimie*, t. CXXXIII, sans d'abord y attacher une importance particulière; mais, depuis cette publication, le besoin général d'un aliment de cette nature m'a vivement frappé quand j'ai vu naître en Allemagne, en Angleterre et aux États-Unis d'Amérique, une cinquantaine d'établissements qui vendent un mélange d'orge germée et de bicarbonate de potasse ou de farine, de l'orge germée et du bicarbonate composé d'après mes prescriptions. Cette préparation est mise dans le commerce sous le nom de *soupe* ou *aliment pour les nourrissons*.

Afin de donner une idée de l'extension qu'a prise la préparation de ce lait artificiel, il suffira de mentionner le prospectus d'une Société qui s'est formée à Londres sous les auspices du marquis de Townshend, et dont le comité comprend, comme membres, huit des plus éminents médecins des hôpitaux de Londres. Cette Société fait préparer en grand cet aliment et le fait distribuer, à un prix très-modique, aux familles pauvres.

D'après les rapports du docteur Walther et du directeur de la maison d'accouchement à Munich, le docteur Hecker, mon lait artificiel est administré avec grand succès dans beaucoup de cas de dyspepsie et de maladie d'estomac chez les adultes.

M. le docteur Vôgel, à Munich, qui s'occupe particulièrement des maladies des enfants, a rencontré au début beaucoup de difficultés pour introduire ce lait artificiel dans les familles des pauvres, parce que la bouillie perd, par l'addition de l'orge germée, sa consistance et devient liquide. On croyait dans ces familles que les propriétés nutritives de cet aliment étaient en rapport avec sa consistance, et qu'elles sont amoindries par l'addition de l'orge germée.

Un fait physiologique digne de remarque est que le lait artificiel, lorsqu'il est fait avec du bicarbonate de soude, au lieu de sel de potasse, perd beaucoup de ses propriétés utiles. Tandis que le lait artificiel fait avec la potasse donne une régularité parfaite à toutes les fonctions animales, telles que le sommeil, la digestion, le lait préparé avec le bicarbonate de soude provoque de suite diverses indispositions, circonstance qui fait comprendre le rôle important de la potasse dans le lait; ce dernier ne renferme pas, comme on sait, de sel de soude, si ce n'est une certaine quantité de chlorure de sodium.

APPENDICE.

Depuis la publicité donnée à mon procédé pour la préparation d'un lait de femme artificiel (en mars 1865), j'ai reçu tant de lettres dans lesquelles des mères et des médecins me demandent des renseignements et des indications plus précises sur l'emploi de cette bouillie, qu'il m'a été impossible de répondre par écrit à chacune d'elles; je crois donc utile de donner dans cet article une réponse à toutes les questions et observations qui m'ont été faites.

Potasse. — Plusieurs sont d'avis que l'addition de potasse est inutile, et d'autres pensent que cet alcali peut être remplacé sans inconvénient par la soude.

Pour bien apprécier l'utilité de l'addition de l'alcali, on doit se rappeler que l'état alcalin du sang est une condition nécessaire pour que les fonctions de la respiration et de la sécrétion s'accomplissent régulièrement ; aussi les aliments de l'homme et les fourrages des animaux doivent-ils toujours contenir une certaine quantité d'alcali sous un forme propre à rendre au sang sa composition normale. De la viande bouillie ou épuisée par l'eau, du jaune d'œuf ou du blanc d'œuf bouillis, perdent, par suite de l'élimination des sels alcalins, leurs propriétés nutritives et cessent d'être des aliments.

Dans la viande et dans les légumes (pois, haricots, etc.), il existe des phosphates alcalins qui ont une réaction alcaline ; dans l'alimentation par ces substances, ces sels se décomposent : une partie de l'alcali passe dans le sang, le reste est éliminé par les reins à l'état acide, qui communique une réaction acide aux urines.

Ceci explique pourquoi, dans les expériences de Magendie, le pain de froment, employé à l'exclusion de tout autre aliment, n'a pas pu, au delà d'un certain temps, entretenir la vie dans les animaux, la farine de froment renfermant un phosphate acide qui ne cède pas d'alcali au sang. Le pain ou la farine de seigle contient plus d'alcali que le pain de froment ; aussi, employé seul, constitue-t-il un moyen d'alimentation plus efficace que ce dernier.

Chez l'homme adulte, l'absence de ces sels alcalins dans les aliments ne produit pas en général des effets nuisibles, parce que son instinct le guide dans le choix et dans l'association de ses aliments journaliers. Ainsi, il préfère les œufs avec de la salade ou des légumes verts; s'il mange beaucoup de viande de veau, il supplée à ce qui manque à cette viande par la bière (voir mes *Lettres sur la Chimie*, 31e lettre). Il n'en est pas de même chez l'enfant, qui doit prendre ce qu'on lui met dans la bouche. Un enfant sain, nourri rationnellement, ne pleure pas pendant des heures, dort ses seize heures par jour, n'éprouve ni constipation ni diarrhée et augmente tous les jours en poids.

On comprend que, lorsque l'enfant est privé de sa nourriture naturelle, c'est la mère ou la bonne qui devra remplacer l'instinct. Son développement dépendra du choix et du mélange judicieux des aliments. On peut admettre, sans crainte de se tromper, que la bouillie de lait est, à la campagne et dans les grandes villes, la cause immédiate de la plupart des maladies et de la moitié des décès parmi les nourrissons.

Quand on prépare pour un enfant un aliment dont le lait et la farine de froment (biscuit ou pain mollet) forment la base, il est absolument nécessaire d'y ajouter un alcali, mais le choix de l'alcali n'est pas indifférent. Celui qui existe dans tous nos aliments, c'est la potasse et non la soude, et c'est pour cela que les sels de potasse se rencontrent dans le lait, dans les sucs des muscles et jusque dans les globules du sang. On y trouve encore une certaine proportion de chlorure de sodium, mais pas de sels de soude.

Au lieu de la solution de carbonate neutre (*kali depuratum*) qui est souvent impur, et qui peut contenir du cyanure de potassium, s'il a été obtenu de la crème de tartre, il sera préférable d'employer la solution du bicarbonate (2 parties de sel dans 11 parties d'eau); elle contient autant de potasse que la première.

Lait. — Je me suis beaucoup préoccupé de la quantité de lait qu'il convient de faire entrer dans la composition de ma bouillie pour enfants; j'ai même fait plusieurs essais dans le but de remplacer complétement ce liquide par une quantité de farine de légumineuses; mais un pareil aliment préparé sans lait a toujours une saveur forte que je ne suis point parvenu à écarter. J'ai pu me convaincre également qu'une certaine quantité de graisse (beurre) est fort utile, peut-être même tout à fait indispensable dans la nourriture de l'enfant, et l'on ne saurait d'aucune autre manière remplacer la graisse avantageusement que par le lait.

La soupe pour enfants préparée d'après ma formule contient environ 40 pour 100 de la graisse (beurre) contenue dans le lait de femme, et je n'ai pas cru pouvoir aller au-dessous de cette proportion ; l'expérience m'a prouvé d'ailleurs que cette quantité de graisse est suffisante pour le nourrisson.

Le lait étant un ingrédient indispensable de la soupe pour enfants, il y en a qui pensent que celle-ci pourrait être remplacée par de bon lait de vache additionné de sucre de lait et de potasse. Beaucoup dépend dans ce cas des proportions ; si le mélange a été mal calculé, il en résulte au bout de quelque temps de légères indispositions ; l'enfant pleure ou ne dort pas, tantôt il est constipé, tantôt il a des selles trop fréquentes. Il est de fait que les enfants prennent plus volontiers la soupe et la supportent mieux que du lait de vache pur (qui possède souvent une réaction acide), additionné de sucre de lait, et que la plupart des indispositions dont nous venons de parler ne tardent pas à disparaître par l'emploi du lait artificiel.

Les bons effets de ma soupe, observés par les médecins, sont peut-être dus en grande partie à cette circonstance, que la composition en est, dans de certaines limites, très-constante.

Des femmes qui allaitent elles-mêmes leurs enfants, et qui, d'ailleurs, jouissent d'une parfaite santé, sont très-fréquemment obligées de renforcer la nourriture qu'elles leur donnent, par de certaines préparations artificielles, et la meilleure sera, sans contredit, celle dont on pourra dire d'avance avec quelque certitude qu'elle ne saurait altérer la santé dont l'enfant jouit. Inutile de faire observer que, lorsqu'un enfant est malade, la bouillie de malt ne peut dispenser de recourir au médecin.

Farine de malt. — Beaucoup de pharmaciens du continent et d'Angleterre ont mis en vente des mélanges de farine de malt, de farine de froment et de bicarbonate de potasse qui, bien que composés d'après mes indications, ne remplissent qu'imparfaitement le but désiré; la soupe qu'on en obtient est toujours mucilagineuse comme une décoction d'orge. Cela provient uniquement de ce que la farine de malt employée est trop fine. La farine de malt devrait être dans l'état où elle est employée par le brasseur, qui, avec du malt grossièrement concassé, obtient, dans la fabrication de la bière, un liquide doux, clair et très-coulant, tandis qu'il est trouble et visqueux quand on s'est servi de malt en poudre fine.

L'orge et le malt qu'on en prépare contiennent une substance qui, par ses propriétés, se place entre la cellulose et l'amidon proprement dit, et qui chauffée sous forme de poudre fine dans l'eau, se gonfle et rend le liquide visqueux ; à l'état de poudre grossière cette substance absorbe également de l'eau, mais les granules restent agglomérés. Dans les résidus de la fabrication de la bière au moyen de malt grossièrement divisé on distingue parfaitement ces granules ; l'iode ne les colore pas en bleu. — On comprendra par là pourquoi j'ai recommandé de moudre le malt dans un moulin à café.

Une des plus mauvaises compositions de ce genre qu'on trouve dans le commerce est celle que MM. Savory et Moore, de Londres, annoncent comme une préparation perfectionnée des ingrédients de la soupe ; leur but n'a pas été du reste de composer un aliment plus parfait pour les enfants, mais simplement d'épargner quelque peine aux cuisinières. Chauffer lentement, attendre la formation du sucre, faire bouillir et passer au tamis, c'étaient, d'après ces messieurs, de grandes imperfections qu'ils pouvaient écarter. Le mélange de MM. Savory et Moore contient du malt, de la farine et de la potasse dans les proportions que j'ai indiquées, mais le malt y est ajouté en poudre aussi fine que la farine de froment ; de cette manière la filtration devenait, d'après eux, inutile, et, pour dispenser de l'obligation de faire bouillir le liquide, ils prescrivent de mêler la poudre avec son poids de lait et d'y ajouter ensuite de 5 à 6 parties d'eau bouillante ; on laisse refroidir, et la soupe est propre à l'usage.

Obtenue d'après ce procédé, la soupe retient toutes les parties de la farine de malt (environ un tiers de tout le malt) qui résistent à la digestion, et que mon procédé élimine par la filtration. Le rapport dans lequel l'eau et le lait doivent entrer, d'après ma formule, dans la composition de la soupe, est tout bonnement renversé par MM. Savory et Moore, ce qui prouve combien peu ils ont compris les principes sur lesquels est fondée ma composition.

Le malt pilé dans un mortier (comme cela se fait chez les pharmaciens) donne une bouillie qui peut causer des dévoiements, parce que les pointes des glumes restent mêlées à la farine et excitent les intestins comme des pointes d'aiguilles. C'est pour cela qu'il est nécessaire de passer la bouillie par un tamis serré, ou au moins par un filtre de gaze bien propre.

On a dit que la préparation de ma bouillie demandait trop d'attention et de soin, et je suis persuadé que cette idée l'empêche de se généraliser; mais je me suis toujours aperçu que les personnes qui s'étaient familiarisées avec cette préparation ne la trouvent ni difficile ni par trop longue.

Le préjugé si difficile à vaincre des bonnes et des cuisinières, est de fait un des plus grands obstacles à l'emploi de ma bouillie dans la plupart des ménages où les femmes ne sont pas au courant de semblables préparations.

Une ménagère bien au fait de la préparation de mon lait artificiel m'a dit à ce propos : « Je fais préparer dans ma cuisine une bouillie ordinaire, avec 15 gr. de farine de froment et 150 gr. de lait; la cuisinière m'apporte la bouillie faite et encore bouillante, j'y ajoute 15 gr. de farine de malt délayée dans 30 gr. (3 centilitres) d'eau, avec 30 gouttes de la solution alcaline, et je la place, après avoir remué, sur une simple veilleuse, qui donne une chaleur suffisante pour la formation du sucre; après une demi-heure, la bouillie est liquide et sucrée. De cette façon, la préparation ne me donne point de peine et ne me prend pas de temps. »

Si l'on prépare la bouillie d'après la seconde méthode, en chauffant ensemble le mélange des farines de froment et de malt, du carbonate de potasse, du lait et de l'eau jusqu'à consistance épaisse, il suffit alors de le placer dans un lieu chaud, où il puisse se refroidir, pendant environ une demi-heure, sans plus s'en inquiéter. C'est tout ce qu'il faut pour la formation du sucre, une fois qu'on s'est familiarisé avec le degré de température convenable.

Dans les deux cas, il est indispensable de faire chauffer après coup, jusqu'à l'ébullition, pour empêcher le mélange de s'aigrir, si on veut le conserver, et enfin pour détruire les spores de champignons qui se trouvent dans toute farine.

Au lieu du mélange de farine de froment, de farine de malt et de bicarbonate de potasse, qui a été récemment livré au commerce par plusieurs industriels, je préférerais de beaucoup, comme objet de commerce, un mélange de farine de malt et de bicarbonate de potasse (1 kilog. de malt concassé ou égrugé, dont on a enlevé les plus fortes graines par le tamisage, avec 30 gr. de bicarbonate de potasse[1]). En effet l'obstacle principal qui empêche le lait artificiel de se propager à la campagne, c'est la difficulté pour les paysans de se procurer la farine de malt et le bicarbonate de potasse. La farine et le lait se trouvent dans tous les ménages. Deux cuillerées rases de farine de froment, deux cuillerées semblables de la poudre grossière de malt et de bicarbonate de soude, dix cuillerées de lait écrémé, et deux à trois cuillerées d'eau, donneront une proportion assez exacte pour la préparation de mon lait artificiel.

Pour répandre l'usage de cet aliment, il serait

1. Aucun de ces mélanges ne se laisse conserver sans altération, et c'est là un obstacle sérieux à toute spéculation commerciale. Au bout de quelques semaines il s'y développe des moisissures et même des vers, et lorsqu'on veut s'en servir, on obtient une soupe d'une saveur amère et dégoûtante. Pour avoir ces mélanges toujours purs et frais, il faut s'adresser aux pharmaciens.

peut-être convenable que les sages-femmes futures, formées dans les écoles, fussent instruites de la manière de le préparer, et comme cette préparation est encore plus facile sur une grande échelle qu'en petite quantité, surtout si toutes les opérations sont faites au bain de vapeur ou au bain-marie, il ne me paraît pas impossible qu'on trouve dans chaque village ou dans les villes une personne de confiance qui, moyennant une légère rétribution, épargnerait la peine aux mères de famille, et préparerait la bouillie pour les enfants d'une commune entière. Cela se ferait sous la surveillance d'un médecin, qui examinerait la qualité de la farine de froment, du malt et du lait. Dans beaucoup de localités, et surtout dans les régions montagneuses, la mortalité des enfants est effrayante, et aucun médecin éclairé ne doute que la cause de cette mortalité ne doive être cherchée dans l'insuffisance de la nourriture. Il y aurait certainement grand intérêt à ce que les autorités fissent une tentative pour introduire l'usage du lait artificiel dans les localités en question ; on pourrait alors en constater l'influence salutaire par des données statistiques exactes.

On a observé quelques cas de digestion laborieuse à la suite de l'emploi de la soupe ; on en a bientôt reconnu la cause : cela provenait de ce que les pointes dures et fines des parties corticales du malt s'étaient mêlées à la soupe, parce que, au lieu d'employer pour la filtration un tamis de crin serré, on s'était servi d'un gros tamis de cuisine.

Afin de mieux faire comprendre l'usage et les effets de ma bouillie, je laisserai, dans ce qui suit, parler elles-mêmes quelques mères.

Premier cas. — « Notre petite fille reçut les quatre premières semaines un mélange de lait de vache, d'eau et d'un peu de sucre de lait; le second mois on lui donna journellement une demi-portion de soupe (deux cuillers à bouche exactement remplies jusqu'au bord, du mélange de farine de froment, de malt et de bicarbonate de potasse, et 75 gr. de lait) en deux fois, mêlée à un peu d'eau ou de lait, de manière à donner à l'enfant la quantité de liquide qu'elle recevait auparavant; plus tard elle reçut la demi-portion en une fois, sans mélange, puis trois quarts de portion, de sorte que longtemps elle ne prenait qu'un repas par jour; dans l'intervalle on lui donnait toutes les deux ou trois heures du lait pur.

« On continua assez longtemps de lui donner les trois quarts de portion jusqu'à ce que, au bout de six à huit semaines, l'enfant manifesta souvent de la faim pendant la nuit; elle pleurait et ne pouvait être calmée. Je donnai alors une portion entière en deux fois, et c'est ce que je fais encore maintenant. La bouillie était préparée le matin entre dix et onze heures; une moitié était donnée avant midi, l'autre vers sept heures du soir. Afin d'avoir toujours le même volume de liquide, on y ajoutait une quantité suffisante de lait. La nuit, l'enfant recevait toujours de l'eau sucrée, et le jour, dans l'intervalle des repas, on lui donnait à boire du lait.

« Tout au commencement j'essayai de donner à l'enfant plus d'une demi-portion par jour, mais je dus y renoncer, parce que, sous l'influence de ce régime, l'enfant digérait et se développait trop rapidement; il devenait, tout en conservant une parfaite santé, beaucoup trop lourd; à son âge, aucun de mes quatre autres enfants n'avait été aussi fort ni aussi bien portant. »

Deuxième cas. — « L'enfant, un garçon, était fort peu développé et était très-petit dès sa naissance. Quand il eut quatre mois, je commençai à lui donner la soupe, d'abord une demi-portion une fois par jour dans un biberon, deux jours après deux fois, puis trois fois; pendant la nuit je lui donnai le sein jusqu'à l'âge de six mois, époque où je perdis mon lait. Depuis lors on lui donna la soupe toutes les trois heures, à sept et à dix heures le matin, à une, quatre, sept et à dix heures le soir, et la nuit à minuit, à deux et à cinq heures; depuis l'âge de neuf mois on ne lui en donne plus qu'une fois pendant la nuit. Pour la soupe qu'on donne pendant la nuit je prends toujours beaucoup plus de lait et d'eau, et quand il y avait constipation, on faisait simplement bouillir du lait et du malt, sans y mettre de la farine, mais en y ajoutant quinze gouttes de potasse et un peu d'eau.

« Pour calmer la soif on lui donnait de l'eau sucrée; cependant la soupe, comparativement à d'autres boissons, n'excitait que peu la soif. Je puis dire qu'elle a servi à notre enfant à la fois d'aliment et de boisson, et je ne sais si j'aurais constaté quelque différence dans les résultats si, au lieu de le nourrir exclusivement de cette soupe, j'avais continué à lui donner le sein, car l'emploi de la soupe a offert tous les avantages d'une excellente alimentation, peu ou presque plus de flatuosités, selles régulières ; enfin l'enfant ne tarda pas à prendre meilleure mine et à se fortifier notablement.»

Troisième cas. — « Mes deux petites filles jumelles avaient juste huit semaines quand je commençai à leur donner la soupe; elles recevaient à deux une portion faite de 150 grammes de lait artificiel, coupé avec un tiers d'eau sucrée, en deux fois, le matin et le soir; dans l'intervalle on leur donnait du lait pur mélangé avec une égale quantité d'eau et additionné d'un peu de sucre. A l'âge de trois mois elles reçurent la soupe trois fois par jour, à neuf heures du matin, à midi et à sept heures du soir. A quatre heures de l'après-midi et pendant la nuit on leur faisait boire du lait pur délayé avec de l'eau sucrée.

« Lorsqu'elles eurent atteint l'âge de quatre mois, je leur donnai la soupe sans addition d'eau ; ce n'est qu'au bout de six mois que je cessai d'ajouter de l'eau, parce que je remarquai que les enfants supportaient mieux la soupe que le lait.

« Depuis cette époque j'ai continué à faire prendre aux enfants le même nombre de repas ; seulement j'ai augmenté les portions ; quand elles furent âgées de six mois, elles recevaient des portions quintuples de la première. Elles ont maintenant huit mois et je leur donne toujours cette même quantité de soupe en deux fois : à neuf heures du matin et à sept heures du soir ; l'après-midi je leur donne une soupe à l'eau, car il faut bien qu'elles finissent par s'habituer à un autre genre d'alimentation. Avant que leurs quatre premières dents aient poussé, je ne modifierai en rien le régime d'alimentation actuel. Comme j'habite la campagne, j'avais voulu ne leur donner le soir que du lait ; mais elles devaient en boire tant pour se sentir rassasiées comme lorsqu'elles prennent la soupe, qu'à leur grande satisfaction j'ai fini par leur préparer également de la soupe pour le soir.

« Toutes les fonctions s'accomplissent chez mes enfants avec la plus grande régularité, jamais elles n'éprouvent ni constipation ni diarrhée. Je n'ai aucune autre observation à ajouter, si ce n'est que durant ces huit mois j'ai préparé moi-même chaque matin la soupe nécessaire pour toute la journée, et que iamais je ne l'ai réchauffée deux fois; ce que les enfants laissaient était jeté, ou plus souvent bu par mes autres enfants. »

Observation. — On remarquera que dans ce troisième cas les enfants ont reçu pendant les deux premiers mois la soupe avec addition de sucre, parce qu'ils avaient été habitués à une nourriture plus douce encore. Cette légère addition de sucre n'a point paru nuire; cependant il me semble préférable de l'exclure complétement, car le sucre n'a d'autre effet que de développer sans utilité aucune la formation de graisse.

Quatrième cas. — « Grâce à votre bienveillante entremise, nous avons été en état de faire ici à D... le premier essai avec la soupe Liebig, et nous considérons cet essai comme parfaitement réussi. Notre petite fille a maintenant six semaines et n'a pris, outre un peu de thé de camomille, aucun autre élément que la soupe de Liebig, qu'elle buvait le lendemain de sa naissance au moyen d'un nouet; plus tard nous nous sommes servis d'une bouteille avec tuyau en caoutchouc, et nous délayions alors la soupe avec un peu plus d'eau et un sixième de lait. Notre enfant se développe admirablement, et, comme elle nous a réussi, la soupe a bientôt trouvé faveur; elle est beaucoup employée, et les médecins et les sages-femmes la recommandent. Ce mode d'alimentation, dispensant de recourir aux *nourrices*, est un véritable bienfait.» (*Extrait de lettre.*)

Cinquième cas. Enfant malade.— «Antérieurement déjà j'avais désiré employer votre soupe pour notre enfant, mais la cuisinière, persuadée qu'il n'y a point d'aliment plus naturel ni meilleur que la bouillie ordinaire et ne voulant, comme toutes les autorités de son espèce, renoncer à aucun prix à ce système d'alimentation, m'empêcha d'en faire l'essai.

« Cet été, mon enfant eut une violente cholérine et le médecin assura que le lait de femme seul pouvait le sauver; mais l'enfant déjà âgé d'un an, ne voulait plus prendre le sein. J'appelai donc l'attention du médecin sur votre soupe pour enfants et lui fis lire dans un journal la notice que vous avez publiée à ce sujet.

« Ce fut avec une vive satisfaction que je l'entendis prescrire l'emploi de cet aliment. D'abord ma femme dut se donner beaucoup de peine pour le préparer, mais elle se vit amplement récompensée de ses soins par le prompt rétablissement de l'enfant, qui jouit maintenant d'une parfaite santé. » (*Extrait de lettre.*)

DOCUMENTS.

Plusieurs des médecins les plus distingués de Munich, le docteur *von Pfeufer* (conseiller médical supérieur), le docteur *Hecker* (directeur de la Maison d'accouchement), le professeur, docteur *Lindwurm* (directeur de l'hôpital de la ville), le docteur *Louis Walther* et d'autres, ont obtenu par l'usage de la *bouillie de Liebig* des résultats très-remarquables dans quelques cas de maladie. Deux de ces cas ont été décrits par MM. Hecker et Walther dans la *Gazette médicale de Munich*, et je crois être utile aux médecins étrangers à la Bavière, en les portant à leur connaissance.

J. DE L.

SUR UN RÉSULTAT

OBTENU

PAR L'EMPLOI DE LA BOUILLIE DE LIEBIG

PAR LE Dr HECKER,

Directeur de la maison d'accouchement de Munich.

Les obstacles que l'on rencontre dans l'alimentation des enfants pendant la première année, n'ont d'autre raison que la difficulté de trouver un succédané du lait maternel, dont la composition chimique ne soit pas sujette à des variations accidentelles, imprévues et dangereuses pour le nourrisson. L'emploi d'une nourrice n'est accessible qu'à une petite fraction de la population ; mais, abstraction faite de cette circonstance, j'ai toujours trouvé que le public, et même quelques médecins, se faisaient illusion sur l'excellence de ce moyen. Ceux qui, comme moi, sont chaque année chargés du placement d'une fournée de nourrices, savent qu'il n'y a pas au monde de charge plus ingrate, principalement parce qu'il est rare que la nourrice et l'enfant se conviennent mutuellement, de manière que tout le monde soit content. Il y a ici tant de chances contraires qui peuvent compromettre le succès, on est tellement livré au hasard lorsqu'on fait le choix d'une nourrice, qu'après une longue expérience, on en arrive à dire que, dans certains cas, la nourrice rend d'excellents services, mais qu'elle ne constitue en aucune manière une panacée universelle, qu'elle n'est qu'un remède comme tout autre, dont le résultat est souvent défavorable.

Pour parler maintenant de la nourriture artificielle, l'expérience de tous les jours montre quelles fautes l'ignorance et le préjugé font commettre sur ce terrain, fautes qui ont pour résultat d'éliminer pour ainsi dire à la manière des Spartiates tous les enfants trop faibles pour résister. Mais encore, dans les suppositions les plus favorables, il faut, surtout dans une grande ville, toujours un concours de circonstances particulières pour qu'on puisse employer ce genre de nourriture avec un succès durable, car on compte toujours avec un facteur de composition inconnue, le lait de vache, dont la variabilité, fût-il tiré de la meilleure source, peut souvent être constatée, et dont la réaction acide peut inopinément apporter le plus grand dommage à l'enfant, et notamment occasionner des diarrhées de longue durée.

Dans cet état de choses, on pouvait se réjouir de voir M. de Liebig se poser, il y a quelque temps, le problème de trouver un aliment approprié aux petits enfants, d'une composition chimique constante et identique au lait de femme. On ne pouvait constater que par des expériences individuelles, jusqu'à quel point ce problème était résolu par son lait artificiel. Mais on n'a pas tardé à signaler des coïncidences si extraordinaires du résultat obtenu avec la prévision théorique, qu'il est aujourd'hui du devoir le plus impératif des médecins de prendre en sérieuse considération le moyen qui leur est offert.

Dans ce qui va suivre, je rapporterai un cas de guérison obtenu par l'usage de la bouillie de Liebig, et je me réjouirais vivement si ces faits, basés qu'ils sont sur une expérience complète et sûre, pouvaient contribuer à donner une extension plus considérable à un remède qui, j'en ai la ferme conviction, peut avoir d'heureux résultats et même sauver la vie. Si j'obtenais ce résultat, j'aurais payé à M. de Liebig le tribut de vive reconnaissance que je lui dois pour sa découverte humanitaire.

Mon dernier enfant, un garçon, est né le 31 mai de l'année passée; il pesait immédiatement après sa naissance 4,250 grammes, il était donc remarquablement développé. Comme on pouvait s'attendre à voir, cette fois encore, le lait maternel faire défaut à peu près complétement, j'avais résolu de renoncer aux nourrices et de recourir immédiatement à la bouillie de Liebig, comme unique aliment, en ayant soin *de couper avec de l'eau,* ainsi que cela est nécessaire au début.

Une mauvaise étoile semblait d'abord présider à cet essai; le résultat d'une expérience de trois semaines ne fut nullement satisfaisant, l'enfant dépérissait graduellement, de sorte qu'il était impossible de continuer de cette manière. Les symptômes étaient les suivants : dans la première semaine, l'enfant diminua beaucoup plus que les enfants ne le font habituellement à cette époque de leur vie; dans la seconde semaine, les selles devinrent trop fréquentes et amenèrent l'écorchure du fondement et des parties; mais durant la troisième semaine, elles se multiplièrent tellement qu'on était arrivé aux limites du possible et qu'on dut changer la nourriture. L'enfant se rétablit promptement au sein d'une nourrice et profita aussi en continuant. Quand je pense aujourd'hui à ce mauvais résultat en le comparant aux expériences que j'ai à relater plus bas, je ne suis toujours pas encore en état de trouver la solution de cette énigme; je crois cependant qu'on aura commis quelque faute dans la préparation de la bouillie, faute que je n'ai pas pu constater par le goût, car j'ai dégusté la bouillie tous les jours, j'en ai même pris des quantités assez considérables. Une erreur dans la préparation est d'autant plus vraisemblable que toute autre explication rencontrerait des difficultés graves. Ainsi, dire que la bouillie de Liebig ne convient pas aux enfants nouveau-nés, serait une hypothèse sans aucun fondement, puisque cette bouillie contient précisément les éléments du lait de femme, nourriture naturelle des nouveau-nés. L'expérience a d'ailleurs parlé : elle a déjà prouvé, dans plusieurs cas, que la bouillie en question peut être administrée avec succès aux plus jeunes enfants. Dans le cas cité plus haut, on pourrait encore invoquer, pour expliquer l'insuccès de la bouillie, l'irritabilité toute particulière du canal intestinal qui s'est manifestée à un degré remarquable chez tous mes enfants. Pour ne citer qu'un fait, l'aîné de mes enfants souffrit de violentes coliques et de diarrhées aussi longtemps qu'il prit le sein de sa mère ; elles ne l'abandonnèrent que lorsqu'on lui fit prendre le lait d'une excellente nourrice, — phénomène qui certes ne peut être mis au nombre de ceux qui arrivent fréquemment. Mais plus on s'égare sur ce terrain obscur des dispositions individuelles et des idiosyncrasies, plus aussi on est obligé de recourir à des hypothèses gratuites ; il me semble donc plus rationnel de revenir à l'idée d'une faute commise dans la préparation de la bouillie. Il est possible qu'on se soit écarté de la recette quant à l'addition du carbonate de potasse, et qu'à une portion de malt et de farine on aurait ajouté, non pas trente gouttes, mais une quantité moindre; je crois même me souvenir vaguement qu'à plusieurs reprises il a été question de quinze gouttes. J'appuie sur ce fait, parce que les phénomènes qui suivirent l'usage de cette alimentation avaient une grande ressemblance avec une formation d'acide en excès, qui aurait causé une fermentation du contenu des intestins, parce que, enfin, d'après la théorie de Liebig et d'après ma propre expérience, il est essentiel d'employer la dose exacte de potasse que la recette indique. Ensuite le tamis employé était évidemment trop gros, circonstance grave, car il laisse alors passer les glumes de l'orge germée: un tamis fin retient, au contraire, beaucoup de matières corticales. Si j'ai réussi à signaler dans ces deux circonstances les fautes les plus graves qui peuvent être commises dans la préparation, il sera facile désormais de les éviter. Après que l'enfant se fut nourri environ deux mois au sein de la nourrice, des raisons matérielles me déterminèrent, malgré moi, à le sevrer. Cela eut lieu à la campagne avec toute la régularité possible, et lorsque nous fûmes de retour à Munich vers la fin de septembre, l'enfant supporta merveilleusement bien le changement du lait, et jusqu'à la fin de novembre il fut l'image de la santé. A cette époque il fut affecté tout à coup de diarrhées violentes, dont la cause directe me resta inconnue; mais je présume encore aujourd'hui qu'un changement dans la nourriture des vaches en opéra aussi un dans la condition du lait. En vingt-quatre heures, on comptait douze à quinze selles, d'un vert foncé, d'une odeur très-aigre, mais sans coliques; on s'empressa, mais en vain, d'y remédier en supprimant totalement le lait, et en employant des aliments opilatifs et des médicaments anti-fermentatifs et astringents, comme l'azotate d'argent, l'ipécacuanha, etc. L'enfant commença à maigrir considérablement. Vers le milieu du mois de décembre, on remarqua dans ses selles plus de glaires transparentes qu'auparavant, avec quelques gouttes de sang, lesquelles augmentèrent les jours suivants pour former des flaques et des filaments sanguins. Il était hors de doute qu'en ce moment la simple hypérhémie précédente de l'intestin s'était changée en une ulcération du côlon avec arrosion de petits vaisseaux, et la diarrhée était devenue une *dyssenterie légère*, maladie peu connue ailleurs, mais fréquente dans ce pays-ci. Ce mal continua d'une manière non interrompue durant plusieurs semaines; au commencement de janvier, il fut enfin combattu avec succès par les conseils de mon collègue, le docteur A. Vogel, au moyen de fortes doses d'opium à l'intérieur. de tannin et de vin rouge, jusqu'à ce qu'enfin le sang disparût des selles. Inutile d'ajouter que l'enfant avait horriblement maigri; il était atrophié, d'un aspect vieillot. Il semblait se consumer lentement, d'autant plus que les diarrhées atoniques ne discontinuaient pas et qu'un sommeil régulier avait complétement disparu. La phase des médicamentations était entièrement terminée, et selon les prescriptions de l'école, il n'existait plus qu'un seul moyen, c'était de recourir à une nourrice. Je suis certes le dernier à nier l'heureux effet de ce moyen pour de semblables cas d'atrophie; j'ai au contraire fait les expériences les plus frappantes, dans le sens affirmatif, et je tiens la règle de l'école pour inattaquable et définitivement démontrée. Mais cette règle n'a un sens que dans l'hypothèse qu'un enfant accepte encore le sein. Or, c'est ici qu'on peut rencontrer des obstacles invincibles, et l'on est forcé de faire entrer dans le calcul cette possibilité, ce qui, selon moi, n'a pas encore été fait d'une manière suffisante. Durant les quatre jours qui suivirent, on présenta à l'enfant toute une file de nourrices des conditions les plus diverses, et tous les artifices qui conduisent d'habitude au but furent successivement mis en œuvre avec toute la patience et la persévérance possibles, sans qu'il fît la moindre mine de saisir la mamelle, et encore moins par conséquent de teter durant quelque temps. Il serait plutôt mort de faim que de se décider à prendre encore une fois cette nourriture. On voyait toutefois clairement que la force de saisir le mamelon ne lui manquait nullement, car pendant tout ce temps il ne cessait de crier, il ne cessait de manifester son aversion; il ne pouvait encore être question d'un épuisement réel. Dès qu'on abandonnait la tentative, il tombait à la vérité dans un état de faiblesse qui frisait l'assoupissement. Parmi ces efforts qu'on faisait pour sauver l'enfant malgré lui, — efforts pénibles et désespérants s'il en fut, je citerai encore un moyen souvent recommandé, mais dont l'efficacité m'a paru bien douteuse. Voici en quoi il consiste : la nourrice fait sortir provisoirement le lait de son sein et on l'administre à l'enfant par cuillerées à café. Abstraction faite de ce qu'a de désagréable l'emploi de ce moyen, il ne conduit pas au but; l'enfant se laisse tranquillement verser le lait dans la bouche, sans que pour cela il veuille prendre ensuite le sein; mais ce qui est surtout grave, c'est qu'aucune nourrice, eût-elle une abondance de lait sans égale, ne supporterait longtemps cette manière d'extraction de son lait, car l'excitation que produit le contact de l'enfant qui tette, est essentiellement nécessaire à la formation normale du lait; quand cette action n'a pas lieu, la source la plus abondante tarit et l'on a rendu la nourrice incapable de continuer ses fonctions.

Après quatre jours nous ne fûmes donc pas avancés d'un pas, mais nous en avions rétrogradé de plusieurs. L'insuccès fut certainement très-instructif et me fit réfléchir sur ce que, dans des cas semblables, qui arrivent fréquemment, il y aurait à faire pour les parents qui ne pourraient pas même se procurer une nourrice, soit qu'on n'en trouvât point dans la localité, soit qu'on n'eût pas le moyen de la rétribuer et l'entretenir. Je me demandai si, dans cette occurrence, il n'y aurait pas un avantage inappréciable, à connaître un moyen qui mît chacun à même, qu'il fût riche ou pauvre, de conserver la vie de son enfant.

Ces réflexions étaient bien naturelles. En effet, qu'y avait-il à faire? L'enfant était si bas, si émacié, qu'il était impossible qu'il vécût plus longtemps, et que, selon les avis unanimes des hommes de l'art, la science devait baisser pavillon; à la vérité, on ne pouvait plus compter que sur un seul facteur, à savoir sur la ténacité de vie peu commune dont l'enfant avait fait preuve jusqu'alors. Cette ténacité, il faut l'avouer, avait été soutenue dans les derniers temps par un excellent moyen, employé suivant le conseil de mon ami Lindwurm. Il s'agit de l'extrait de viande liquide préparé à froid, selon l'ordonnance de Liebig et mêlé avec un peu de vin rouge. On aurait dit que la vie recevait chaque jour un stimulant qui l'empêchait de s'éteindre. Mais à quoi pouvait servir à la longue cette prolongation artificielle de la vie, puisque l'extrait de viande n'avait aucune influence sur la diarrhée et qu'elle continuait en quantité et en nature comme précédemment. A ce moment et sans incitation étrangère, j'eus l'idée de faire de nouveau l'essai de la bouillie de Liebig, et j'exécutai cette idée sur l'heure. Afin de ne pécher par aucun point, je chargeai ma femme de recueillir chez M. de Liebig toutes les instructions nécessaires, qu'on lui communiqua non-seulement avec le plus grand empressement, mais encore avec un véritable zèle humanitaire. Le 24 janvier de cette année, l'enfant prit pour la première fois le lait artificiel; il le savoura avec grande avidité, et je puis réellement déclarer que je n'ai jamais vu un remède intérieur opérer d'une manière si subite et si frappante.

Après quelques heures, les selles avaient déjà perdu quelque chose de leur odeur fortement acide; on voyait dans leur couleur vert de poireau quelques filets jaunâtres, et dès le jour suivant l'aspect de certaines selles était d'un jaune prononcé, tandis que d'autres conservaient encore leur ancienne couleur. Ce fut sur ces premiers succès que s'éleva, non sans quelques récidives, il est vrai, la convalescence. Durant les premières semaines notamment, l'état des selles s'améliora, comme je l'ai dit; cependant leur nombre ne diminuait pas assez pour qu'on pût présumer un changement heureux dans la circulation et la nutrition. Le moyen suivant se montra efficace : on coupa la bouillie avec son poids d'eau, et plus tard avec la moitié. La nourriture avait donc été trop forte pour l'enfant malade, et ce ne fut qu'en la délayant qu'on arriva promptement à limiter le nombre des selles. Ensuite le sommeil, sans lequel la nourriture ne profite point aux enfants, tardait encore à revenir; une ou deux gouttes de teinture d'opium étaient souvent nécessaires pour assurer le repos de la nuit. Mais ce trouble a fini par disparaître aussi. Ceux qui ont vu l'enfant il y a un mois, et qui le comparent aujourd'hui à ce qu'il a été, découvrent sans doute encore les vestiges de la maladie, le trouvent pâle et arriéré, ne pouvant soutenir sans appui sa pauvre petite tête, mais personne ne peut nier qu'il est entré en pleine convalescence, ou plutôt qu'il a déjà dépassé cette phase, car la faim insatiable qui caractérise les convalescents et qu'il manifestait dans les dernières semaines, a déjà fait place à un état plus calme. Le petit corps prospère visiblement, et l'on voit aussi remonter le baromètre de la santé des enfants, le sourire, qui était complétement tombé pendant les derniers deux mois.

Pour terminer cette relation, qui est, je crois, propre à montrer ce que peut obtenir, dans les cas les plus désespérés, la science appuyée par une surveillance incessante du traitement, je demande à dire quelques mots des objections que j'entends souvent élever contre l'usage général du lait artificiel de Liebig. On prétend d'abord que la préparation en est trop compliquée, trop difficile à apprendre. Cette remarque ne s'applique sans doute qu'aux gens du peuple, peu habitués à réfléchir, car une ménagère instruite ne voudra pas se décerner un brevet de pauvreté d'esprit, en se déclarant incapable de suivre les prescriptions si clairement formulées dans la brochure récemment publiée par M. de Liebig. Les règles qu'il donne pour la préparation du lait artificiel, ne sont pas plus difficiles à pratiquer que bien des recettes culinaires, qui vous obligent à chaque instant à faire attention si un liquide s'épaissit, s'il a un goût sucré, etc. Je crois donc que cette objection n'a d'autre fondement que l'horreur des innovations. Quant aux classes inférieures de la société, je ne doute pas que M. de Liebig ne fasse connaître bientôt un mode de préparation pour ces classes, et cela sous une forme où surtout l'addition de l'alcali ne demandera aucun travail de réflexion.

La seconde objection est basée sur la longueur des manipulations et sur le temps qu'elles demandent, mais elle n'est pas plus sérieuse que la première. Une mère qui est consciencieuse dans les soins qu'elle donne à son enfant, ne sera pas longtemps à s'apercevoir que la préparation de la bouillie de Liebig n'est pas plus longue que celle d'une nourriture artificielle d'après la méthode ordinaire. Lorsqu'on veut combiner celle-ci en s'astreignant à suivre de point en point les règles prescrites, il faut aussi observer une foule de détails, pour donner au lait de vache la composition du lait de femme : le premier ayant toujours une réaction acide et le second une réaction neutre, on est obligé de neutraliser les acides; ensuite il faut couper avec une proportion déterminée d'eau, ajouter une quantité définie de sucre, etc., etc., — toutes choses qui donnent de l'occupation dans la chambre des enfants. Ajoutons à cela que le lait de vache ne peut pas se préparer vingt-quatre heures à l'avance, comme on peut le faire pour la bouillie de Liebig. Si enfin on songe aux désagréments sans nombre que la présence d'une nourrice introduit dans un ménage, on sera heureux d'en être quitte pour un peu de besogne. Les femmes qui savent ce que c'est que d'avoir à s'occuper de la nourriture, de l'emploi dans le ménage et même des émotions éventuelles d'une nourrice, regarderont comme un très-grand progrès de n'avoir plus à faire autre chose qu'à consacrer une heure par jour, ou peut-être un peu plus, à la préparation d'une bouillie, sans être à la merci d'une domestique.

RÉSULTAT

D'UNE NOUVELLE EXPÉRIENCE FAITE AVEC LA BOUILLIE DE LIEBIG,

PAR LE Dr LOUIS WALTHER [1]

Dans la *Gazette médicale* de Munich du 5 mars dernier, M. le conseiller aulique, docteur Hecker, a communiqué une expérience faite avec la bouillie de Liebig. Permettez-moi, mon cher collègue, d'appeler encore une fois votre attention sur cette préparation.

Cette fois, il ne s'agit pas d'un nouveau-né, mais d'une jeune fille de treize ans, chez laquelle un typhus prolongé avait déterminé un arrêt de

1. Lettre adressée à la rédaction du *Münchener Aerztlichen Intelligenz-Blatt*, n° 12, du 19 mars 1866.

développement et qui était affaiblie par des vomissements incessants, quoiqu'elle ne prît que des aliments qui paraissaient facilement digestibles. Le bouillon ordinaire, le lait de vache, la bière, le vin, le café, — toutes ces choses furent invariablement rendues, et même l'eau très-souvent dans la sixième semaine du typhus qui, dans toute sa durée, était accompagné d'une coqueluche bien déclarée et dont les suites amenèrent un abcès entre l'omoplate droite et l'épine dorsale, abcès qui renfermait plus d'une chopine de pus normal. La malade était près de mourir d'épuisement, sa maigreur était telle que j'ai rarement vu quelque chose de comparable sur les cadavres des phthisiques. Le pouls était inégal, accéléré, très-petit, la diarrhée persistait; en un mot, la malade offrait le spectacle d'une moribonde, et pour surcroît, comme nous l'avons dit, elle vomissait tout ce qu'elle prenait.

Je me décidai donc à lui faire prendre la bouillie de Liebig, que j'avais déjà souvent ordonnée avec le plus grand succès à des enfants mal nourris et arriérés. Mon entreprise fut couronnée du plus beau succès. Les trois premières cueillerées de la soupe au malt ne furent point rejetées; je pus aussitôt augmenter la dose de cet aliment, et au bout de 8 à 10 jours, la malade ayant commencé visiblement à reprendre chair, malgré la fièvre qui persistait encore, j'avais obtenu qu'elle supportât l'addition d'environ un litre de lait à la soupe au malt; la diarrhée diminuait toujours, et enfin on vit apparaître des selles consistantes. Je dois dire que la malade prend encore avec délices trois fois par jour une forte portion de la bouillie de malt, quoiqu'elle soit entrée en pleine convalescence; elle mange de la viande rôtie et boit du vin avec appétit. Avec la bouillie, on lui donnait toutes les deux heures deux cuillerées pleines de bouillon (*infusum carnis salitum*) de Liebig.

J'estime la chose assez importante pour appeler l'attention de mes honorables collègues sur l'usage de la soupe au malt dans les maladies typhoïdes; car jusqu'à présent je ne sache pas qu'on ait employé cette nourriture dans les maladies en question. M. le docteur Hecker a déjà suffisamment répondu à l'objection souvent répétée qui se fonde sur les difficultés de la préparation; j'ajouterai qu'on trouve dans les pharmacies de Munich le mélange de malt et de farine de froment avec la quantité de potasse nécessaire pesé en paquets, et que la préparation de la bouillie n'occasionne pas plus d'embarras que de faire simplement bouillir du lait. De plus, ce mélange est peu coûteux et, pour cette raison, facile à introduire chez les gens pauvres.

DE L'ALIMENTATION AU LAIT ARTIFICIEL,

PAR LE Dr RUD. H. FERBER, A HAMBOURG.

On a déjà vu bien des fois paraître des succédanés du lait maternel qui ont été annoncés avec fracas, ont eu un grand débit et ont fait leur chemin. Des médecins les ont recommandés aux jeunes mères qui ne pouvaient pas allaiter elles-mêmes leurs enfants; on les a essayés et ensuite oubliés. Cela prouve suffisamment que ces moyens n'avaient pas les vertus qu'on leur attribuait. On sentait donc la nécessité de découvrir enfin un moyen, un mélange qui remplaçât mieux le lait maternel que l'usage du lait de vache coupé d'une manière ou d'une autre. Il est vrai que ce dernier moyen réussissait souvent dans des circonstances favorables; mais il offre en général beaucoup d'inconvénients. En premier lieu, la nourriture même des vaches, qui consiste, automne et hiver, en feuilles de betteraves ou même en marc d'eau-de-vie, ce qui donne un mauvais goût au lait, le rend nuisible au nourrisson. Dans le nord de l'Allemagne, les vaches sont, en général, mises au vert dans les prairies; dans les provinces du centre, l'usage de les nourrir sur place dans les étables développe chez le bétail des maladies pulmonaires, et alors le lait n'est point propre à une nourriture artificielle pour les enfants. Dans tous les cas, il faut faire attention que le lait ne soit point écrémé, car la substance graisseuse est indispensable à la solution du caséum, et, de plus, elle rend le lait de vache plus digestible[1]. Il est d'usage général, dans l'Amérique du Nord, de ne donner aux enfants que la crème, coupée avec de l'eau, bien entendu. Ce qui est encore plus grave, c'est la difficulté de se procurer du lait fraîchement tiré du pis de la vache. Le lait, pour cette raison, s'aigrit trop facilement dans la saison des chaleurs. D'autres difficultés s'élèvent lorsqu'on le fait bouillir : la quantité de lait dont on dispose est bouillie, et souvent brûlée; alors, ne pouvant le remplacer, on donne à l'enfant du lait brûlé, etc., etc. En un mot, il était urgent de chercher un autre moyen d'alimentation.

Obligé de trouver une nourriture artificielle pour un petit enfant de sa propre famille, Liebig eut l'occasion de diriger ses études sur ce sujet. Ce qu'il conçut en théorie fut confirmé par la

1. Voyez Bednar, Krankh. der Neugebornen, I, p. 58.

pratique : ses peines et ses travaux furent récompensés par un succès merveilleux.

Mais, comme de coutume, l'industrie a cherché à exploiter cette découverte ; elle a composé une poudre avec les ingrédients de cette alimentation, ingrédients que tout ménage peut cependant se procurer avec facilité, et cette poudre a été lancée dans le commerce. Ainsi que le prouvent des réclamations venues de divers côtés, le mélange de cette poudre a souvent été fait d'une manière inexacte, sans conscience, ce qui constitue une véritable falsification. Un grand nombre de médecins qui ont fait préparer dans leur ressort la bouillie de Liebig au moyen des poudres en question n'ont pu arriver à aucun résultat satisfaisant. Il importe dès lors de rectifier un jugement défavorable qu'on s'est trop hâté de porter sur cet aliment nouveau, et qui était jusqu'à un certain point motivé par l'insuccès de quelques essais. Il faut empêcher que ce succédané nouveau n'ait le même sort que tant d'autres, avec lesquels on aurait tort de le confondre, et que les expériences ne soient abandonnées avant le temps.

Le succès de l'alimentation artificielle donnée au nourrisson ne dépend pas seulement de la nourriture. Il faut encore tenir compte d'une foule de conditions secondaires et accessoires, de méprises à éviter, de précautions à prendre, que les gardes d'enfants connaissent mieux que les médecins. On apprend plus sous ce rapport dans la chambre des enfants et surtout dans celle de son propre enfant que par l'étude assidue des livres sur la matière. La plus grande propreté dans la tenue du flacon et du biberon, le soin le plus extrême dans la préparation de la nourriture, ainsi que dans sa caléfaction et la régularité des repas, sont des conditions *sine qua non* pour la réussite.

Il y a beaucoup de petites prescriptions qui ont rapport à ces diverses conditions, prescriptions que tout médecin devrait connaître ; il devrait, par exemple, pouvoir instruire une jeune mère sur la manière de présenter la fiole, lui dire comment elle doit être tenue dans les mains pour que l'enfant puisse boire sans fatigue, etc., etc. Chez nous, on a honte de s'arrêter à de semblables détails dans des ouvrages scientifiques, tandis que dans les ouvrages anglais on trouve ces minuties bien plus détaillées, miuuties qui très-souvent ne le sont pas dans la pratique. Car la nourriture artificielle perd souvent toute son utilité précisément parce qu'on néglige des précautions en apparence peu importantes. Une mère dont l'enfant doit être élevé avec une alimentation artificielle, devra surveiller avec beaucoup plus de soin la personne qui en est chargée qu'une nourrice, car la nourrice ne peut commettre les méprises auxquelles expose l'usage de la nourriture artificielle. En outre, cette nourriture demande des peines et des soins, elle est presque aussi dispendieuse qu'une nourrice.

Dans tous les cas, je serais d'avis d'essayer l'alimentation artificielle au moyen de la fiole, avant de recommander le recours à une nourrice. Les inconvénients inséparables de l'emploi d'une nourrice, surtout dans les grandes villes, sont très-graves. Si le biberon réussit, au contraire, on n'est point exposé à changer de nourrice; ensuite le sevrage, qui suscite tant de difficultés, s'opère sans transition sensible.

Un succédané du lait de la mère nous est fourni à présent par la bouillie de Liebig. On n'a point encore expérimenté la poudre indiquée par Scharlau (*Monatsschr. f. Geburtsk.* XVIII, 5, p. 324).

J'ai eu le bonheur de voir mon propre enfant se développer tout aussi bien au régime de la bouillie, que d'autres enfants du même âge nourris par le lait de femme. Cet enfant fut privé du sein au bout de quinze jours. Je crois donc qu'il est de mon devoir de témoigner à M. de Liebig ma plus sincère reconnaissance en publiant d'une manière succincte les expériences que j'ai recueillies.

Dès l'origine, ma femme prépara elle-même la bouillie selon la prescription de Liebig, et se mit bientôt au fait de cette préparation.

La coction de la bouillie, comme j'ai eu occasion de l'observer plus tard dans d'autres familles auxquelles je la recommandai, peut être opérée sur une flamme d'esprit-de-vin ou même sur un bec de gaz, quoique par ce dernier moyen on eût pu craindre un développement de chaleur trop intense. Toutefois la cuisson réussit toujours parfaitement. Dès le commencement, mon enfant a pris la bouillie sans addition de liquide ni de sucre, et toujours avec plaisir. La température convenable de la nourriture, à peu près 35° centigrades, fut obtenue en mettant la fiole contenant la bouillie refroidie dans de l'eau chaude. On sait que les gardes d'enfants font l'épreuve du degré convenable de chaleur en appliquant la fiole sur une de leurs paupières. A partir du septième mois, mon fils refusait de prendre la bouillie toutes les fois qu'elle était trop froide ou trop chaude. La réfrigération qui a lieu pendant que les enfants sucent et qui amène souvent le hoquet chez ceux qui sont nourris au biberon, peut parfaitement être empêchée en enveloppant la fiole dans un mouchoir de laine. Les ouvertures des biberons livrés par le commerce sont trop étroites pour la consistance de l'alimentation de Liebig; il faut les agrandir avec précaution au moyen d'une épingle.

Enfin, dans l'emploi de cette alimentation, comme dans toute autre méthode de nourriture artificielle, nous recommandons la patience et la persévérance. Il faut donc, pour cette raison, quand au reste la digestion est régulière, ne point abandonner la voie suivie jusqu'alors. Des enfants nourris artificiellement ne deviennent jamais aussi gras que ceux nourris au sein. Comme la couche de graisse sous-cutanée représente un facteur passablement important du corps humain, il s'ensuit que les enfants nourris au sein prennent constamment plus de poids que ceux qui sont élevés au biberon.

Toutefois, les enfants gras ne sont pas toujours les mieux nourris, car les progrès du développement des os constituent certes un indice plus sûr et plus positif.

A la suite du récit abrégé de l'éducation de mon propre enfant, j'énumérerai d'autres avantages qui résultent particulièrement de l'usage de la bouillie au malt.

Après l'avoir nourri durant une quinzaine de jours par le lait de la mère, on lui donna du lait de vache non bouilli avec addition d'eau dans le rapport de 1 : 3; on y ajoutait une demi-cuillerée à café de lait, de sucre et un grain de sel de cuisine. De temps en temps il suçait environ un sixième de la fiole ou six cuillerées pleines à potage, mais en demandait encore au bout de tout au plus une heure et demie, tant la nuit que le jour. Durant les cinquième et sixième semaines de son âge, l'enfant eut des vomissements et la diarrhée, phénomènes qui inspirèrent, à bon droit, les plus grandes appréhensions. Sur l'avis d'un de mes collègues, homme d'expérience par son âge, on ajouta, au lieu d'eau, un mucilage de gruau d'avoine au lait. Alors ces mauvais symptômes s'arrêtèrent, mais la diarrhée laissait encore beaucoup à désirer, et l'enfant maigrissait. D'abord on n'essaya l'alimentation au malt que le matin, après le bain. Il la prenait avec plaisir, mais seulement la valeur de trois cuillerées à bouche, et malgré cette petite dose de nourriture, juste la moitié de la quantité de lait et d'eau, il s'endormait. Son sommeil était calme, et il ne demandait à manger qu'après trois ou quatre heures, fait qui pour nous était tout à fait extraordinaire.

Au bout de huit jours, on donna l'alimentation Liebig à l'enfant également le soir : il commença à dormir avec calme et sans interruption durant trois ou quatre heures. Dans l'intervalle on lui faisait prendre du lait coupé avec de l'eau d'arrow-root ; il en consommait constamment une bien plus grande quantité que de la bouillie au malt; et l'on avait de la peine à porter les intervalles à deux heures. Mais ce qui surprit dès le principe, c'est une diminution remarquable dans le volume des urines, à la suite du repas fait avec l'alimentation Liebig, tandis que, comme on sait, les enfants nourris au biberon mouillent constamment leurs langes. A la suite de la digestion du lait coupé d'arrow-root, cette particularité se manifesta comme auparavant. Peu à peu on augmenta les portions de la bouillie au malt, mais elles furent moindres en volume que la portion du lait coupé. Tout à coup et presque sans transition on observa la plus grande régularité dans son économie physique, qui se rétablit d'elle-même vers le quatrième ou cinquième mois. L'enfant dormait quelquefois depuis cinq heures et demie du soir jusqu'à dix heures, après avoir pris sa bouillie; alors on lui donnait du lait coupé et il dormait très-souvent jusqu'à six heures du matin. Il n'avait plus qu'une selle par jour, presque toujours à la même heure, et cette selle était tout à fait satisfaisante. On comprendra que, sous des auspices aussi heureux, la nourriture devait augmenter insensiblement. L'enfant manifestait son bien-être par ses cris et ses jubilations et d'autres signes extérieurs connus. A partir du septième mois, on donna à l'enfant une fois par jour du lait de vache, toujours de moins en moins coupé, avec addition d'une solution de l'extrait de viande de Liebig, au lieu de l'arrow-root. Durant l'épidémie cholérique qui régnait, il fut atteint d'un catarrhe intestinal, dont il fut promptement et facilement guéri. Il fit ses premières dents dans le neuvième mois. Au premier anniversaire de sa naissance, il en avait sept; il rampait dans la chambre et avec un peu d'aide il pouvait marcher. Il faut espérer que son alimentation future lui profitera; il se nourrit de la bouillie de malt comme autrefois, journellement, matin et soir, et à chaque fois il en prend la valeur de dix-huit cuillerées, conjointement avec d'autres aliments: on lui a même fait manger un œuf de poule.

Enfin, il faut constater en terminant que, dans ses premiers mois, mon enfant a eu des symptômes de spasmes de la glotte, qui ont, Dieu merci, tout à fait disparu.

Les résultats obtenus par l'alimentation d'après le système Liebig se résument donc comme il suit:

1° On n'a fait prendre de la bouillie que la moitié de la quantité du lait coupé; l'estomac absorbait plus complétement les substances nutritives concentrées dans un petit volume.

2° Malgré la diminution de la quantité, la bouillie au malt suffisait à l'appétit durant trois à quatre heures avant que l'enfant redemandât de nouveau à manger, tandis que le lait coupé suffisait à peine pour une heure et demie.

3° Après la consommation de la bouillie au malt, l'enfant jouissait d'un sommeil calme, et qui ne durait pas, comme après le lait, seulement une heure et demie, où l'enfant demandait de la nourriture, mais se prolongeait pendant trois et quatre heures.

4° Ces faits prouvent que l'alimentation par la bouillie remplissait mieux le but que le lait de vache coupé.

5° Durant les heures qui suivirent l'absorption de la bouillie au malt, les urines furent très-peu abondantes en comparaison de celles qui se montraient après que l'enfant eut absorbé le lait coupé. Avec des urines abondantes on évacue aussi plus de sels[1]. La sécrétion urinaire, abondante chez les enfants alimentés au moyen de lait coupé, enlèvera beaucoup de sels destinés au développement physique du corps et particulièrement à celui des os : l'enfant sera sujet au rachitis. Par l'alimentation au malt, la quantité des urines est diminuée, sans être pour cela concentrée d'une manière frappante. Les sels nécessaires à l'organisme seront, par conséquent, retenus. La croissance accélérée des os en fut une preuve évidente. Cet avantage de la bouillie au malt paraît être un des plus importants.

6° La digestion et les autres fonctions s'opérè-

1. Voyez mes *Essais sur l'influence des provisions passagères d'eau sur le volume et la contenance en sel des urines.* (*Arch. der Heilk.*, I, p. 244.)

rent régulièrement après un usage prolongé de la bouillie de malt, qui contribua visiblement au bien-être de l'enfant.

7° L'enfant, âgé d'un an, n'est point resté en arrière d'autres enfants du même âge élevés au sein; toutefois il est moins gros que les enfants allaités naturellement.

Ces résultats furent la plupart confirmés par des observations ultérieures. Un pauvre et chétif enfant qui commençait à se rétablir au moyen de la bouillie au malt, devint une victime du choléra. Une petite fille âgée de huit semaines semble profiter également par suite de la même nourriture. On ne lui a pas fait prendre le sein; durant la première quinzaine, on lui administra du lait de vache coupé avec de l'eau (1 : 3), ensuite on lui donna le soir et le matin de la bouillie au malt, qu'elle prenait avec plaisir, sans addition de sucre; mais les quantités absorbées à chaque repas furent beaucoup plus considérables que celles données à mon enfant. La petite fille en prenait, dès le commencement, de six à sept cuillerées à bouche. Malgré cela, on observa, en comparaison des autres époques de la journée, une bien moindre sécrétion des urines. La bouillie suffisait à l'enfant durant trois à quatre heures, et elle dormait tranquillement. Dans les intervalles, on lui fait prendre, comme à mon enfant, du lait et de l'arrow-root. Mais il m'a été impossible de faire adopter ce genre de nourriture par les gens du peuple.

J'ai essayé une seule fois la bouillie au malt pour une demoiselle de soixante ans, affectée d'un catarrhe pulmonaire chronique et de caséation, et qui souffrait encore de fortes perturbations digestives. Cependant cette personne refusa bientôt énergiquement « ce fade potage des enfants, » et cela sans doute pour aboutir au congé qu'elle ne tarda pas à me donner. Cette expérience, peu récréative pour un jeune médecin, m'a empêché jusqu'à présent d'essayer de nouveau de cette alimentation dans des cas semblables ; car, comme médecin, on est vraiment enclin à croire *post hoc, ergo propter hoc*, maxime si chère au public.

LETTRE DE M. CH. DE PFEUFFER

PROFESSEUR DE CLINIQUE MÉDICALE A MUNICH,

A M. LE PRÉSIDENT DE L'ACADÉMIE IMPÉRIALE DE MÉDECINE DE PARIS.

Munich, 1er septembre 1867.

Monsieur le président,

Le numéro 75 de la *Gazette des hôpitaux*, dans son compte rendu de la séance de l'Académie de médecine du 25 juin, contient une discussion qui s'y est élevée au sujet du lait artificiel de M. Liebig. M. Guibourt a ouvert les débats, et après avoir préalablement exprimé ses doutes sur l'effet utile de cette composition, il a proposé la nomination d'une commission chargée de l'expérimenter et d'en faire un rapport à l'Académie. M. Boudet a appuyé la proposition, motivant son opinion sur ce que déjà plusieurs médecins auraient fait des essais qui ne prouveraient pas en faveur de l'innocuité de ce moyen d'alimentation.

M. Depaul a pris alors la parole. Il dit avoir

alimenté par le lait artificiel de Liebig deux jumeaux nés avant terme, et dont le poids, à la vérité, était notablement inférieur au poids normal. Tous deux étaient morts en deux jours. Un troisième enfant venu à terme et d'une santé apparemment bonne, nourri du même lait, avait eu, le second jour, des selles vertes, et était mort le troisième jour. Un quatrième enfant, sain, pesant 2,760 grammes, alimenté de la même manière, avait des selles vertes après deux jours, et était mort le quatrième jour.

Sur ce, le docteur Bouley a exprimé l'opinion qu'après les expériences défavorables du docteur Depaul, on ne pourrait pas songer à continuer l'expérimentation du lait Liebig sur des enfants.

M. Boudet a insisté sur la nomination d'une commission, par ce motif que la pratique de cette dangereuse alimentation pourrait peut-être se propager de plus en plus.

Après une courte discussion, la proposition de M. Boudet a été rejetée à une faible majorité.

A en juger par ce résultat, il faut conclure que l'Académie a regardé les expérimentations de M. le docteur Depaul comme suffisantes pour condamner l'usage de l'aliment recommandé par Liebig.

J'avoue qu'alors même que moi et d'autres praticiens observateurs nous n'eussions pas fait usage du lait artificiel de Liebig, cet arrêt de l'Académie m'eût semblé entaché de précipitation. D'abord je ne puis concéder que les deux jumeaux, nés avant terme, dont le poids était si inférieur au poids normal, et décédés le second jour, fussent des sujets propres à l'expérimentation physiologique en question. Ces deux cas ne prouvent rien autre chose, si ce n'est que deux enfants, affligés en naissant d'une constitution débile, n'ont pas pu être arrachés à la mort par l'alimentation de Liebig. Il ne reste donc que deux enfants apparemment bien portants. Le poids de chacun d'eux est indiqué, et l'un d'eux est de 600 grammes au moins au-dessous du poids normal. Tous deux sont morts après trois ou quatre jours. Tous les quatre enfants étaient nés de mères malades.

Et cependant c'est le résultat de ces essais qui a suffi à l'Académie pour prononcer un arrêt réprobatif contre l'aliment recommandé par Liebig ! Cet arrêt ne me paraît aucunement fondé.

Des milliers d'enfants meurent avec des selles vertes dans les premiers quatre jours de leur naissance, et il n'est jamais venu à personne l'idée d'attaquer le lait maternel comme une pernicieuse alimentation.

Non-seulement le petit nombre de cas cités par M. le docteur Depaul est insuffisant pour leur accorder la valeur d'une preuve décisive; mais cette preuve perd encore considérablement de son poids par cela même qu'il affirme avoir fait préparer le lait artificiel suivant la formule de Liebig, et l'avoir employé sans modification.

Si M. Depaul, qui peut-être ne connaissait pas l'article de Liebig, publié dans les *Annales de chimie et de pharmacie*, t. CXXXIII, p. 381, relatif au sujet en question, n'a pas pris la précaution d'étudier convenablement la potion pour un enfant nouveau-né, les résultats de ses essais ne pouvaient pas être favorables, et, les eût-il continués, on pouvait prédire que l'insuccès serait le même.

Un enfant nouveau-né exige, dans les premières vingt-quatre heures de sa vie, très-peu de nourriture : c'est une chose connue. Le sein maternel lui fournit à peine un peu de colostrum. On apaise l'enfant avec une boisson telle qu'une infusion de fleurs de camomille, ainsi que cela se pratique en Allemagne. Il ne serait venu en idée à aucun médecin allemand d'administrer l'aliment de Liebig à un nouveau-né sans l'avoir préalablement dilué, alors même que Liebig ne l'eût pas expressément recommandé. Et comme M. Depaul ne dit rien de cette précaution essentielle, je crains que les enfants qu'il a traités n'aient reçu une nourriture trop indigeste pour l'estomac d'un nouveau-né, et pas suffisamment liquide.

Passons maintenant de la critique de l'expérimentation de M. Depaul aux expériences faites par les médecins allemands. Non-seulement celles-ci sont, en général, très-favorables, mais elles ont été couronnées de succès dans un si grand nombre de cas, qu'on peut en tirer une conclusion bien motivée en faveur de l'aliment de Liebig.

Ni lui, ni personne autre ne met en doute qu'un bon lait de nourrice en quantité suffisante ne soit préférable à quelque alimentation que ce soit, et par conséquent aussi au lait artificiel. Mais il ne se présente que trop de cas où l'on ne saurait s'en procurer. Une foule d'expériences que le docteur Hecker, directeur de la Maternité à Munich, a signalées font voir que le lait de vache, dans beaucoup de cas, ne peut pas y suppléer.

Il nous manquait donc un genre d'alimentation pour les nourrissons, faute duquel nombre d'enfants ont perdu la vie.

Nous regardions donc comme un devoir de soumettre à un examen rigoureux l'aliment proposé par M. Liebig, dont la préparation est basée sur des prémisses chimico-physiologiques, et d'en observer les effets sans préjugés. Ces observations furent faites par plusieurs médecins, entre autres par le professeur Hecker et par moi, par le fils de M. Liebig, médecin à Reichenhall, et son gendre, le docteur Thiersch, professeur de chirurgie à Leipzig, sur des enfants de nos propres familles. Les résultats en furent si favorables et si surprenants, que ce genre d'alimentation prit de suite une grande extension, à tel point qu'il y a déjà un grand nombre de mères qui ont tranformé en enfants vigoureux et bien portants leurs chétifs et languissants nourrissons. Aussi, le nom de Liebig n'est-il prononcé, dans un grand nombre de familles, qu'avec reconnaissance, comme celui de l'homme auquel on doit la conservation d'un enfant regardé comme perdu. A Munich, un très-grand nombre de médecins praticiens, presque tous professeurs de clinique, se sont convaincus des bons effets du lait de Liebig, et l'emploient sur une grande échelle. Dans la seconde édition de son opuscule, M. de Liebig cite un cas décrit par le professeur Hecker, auquel je puis ajouter un cas extrêmement analogue. C'est celui d'un enfant de huit mois qui, après le sevrage fut pris de diarrhée et réduit par elle à un état de maigreur extrême, lorsque après quatre semaines que ce dérangement durait, je fus appelé en consultation. Pendant les huit premiers jours du traitement que je prescrivis, la maladie s'aggrava au point qu'on ne pouvait s'attendre qu'à une issue fatale. L'enfant ne prenait qu'avec répugnance quelque peu de nourriture, avait de fréquents vomissements et de six à huit selles vertes par jour. Une nourrice n'était pas à trouver. Je prescrivis le lait de Liebig, l'enfant s'y refusa ; mais comme j'avais interdit toute autre nourriture et toute boisson, après dix heures de diète, il le prit avec avidité, et l'effet en fut presque immédiat.

Au bout de vingt-quatre heures, les diarrhées prirent une couleur jaunâtre, et le quatrième jour elle cessèrent entièrement. Il est très-probable que le lait artificiel doit sa qualité de remède efficace à la dextrine qui s'y trouve en grande quantité. Les effets éminemment digestifs de la dextrine ont été démontrés par M. Schiff.

Un médecin de cette ville, des plus occupés, le docteur Walter, a signalé dans le numéro 12 du *Journal médical de Munich*, le cas d'une jeune fille atteinte, à la suite du typhus, d'une consomption qui mettait sa vie en danger, et rendant tous les aliments qu'on lui donnait. Elle cessa de rendre après avoir pris les premières cuillerées de la potion Liebig. L'usage exclusif ayant été continué, elle recouvra complétement la santé.

J'ajouterai que je me sers avec un grand succès de cette alimentation dans la section qui m'est confiée à l'Hôpital général, notamment dans les cas de typhus, mais aussi dans les maux d'estomac chroniques, tels que la tumeur, le cancer, où il n'est pas rare de voir l'estomac refuser le lait de vache, d'ailleurs d'un si bienfaisant usage, et supporter le lait artificiel. Mes malades doivent à Liebig déjà deux aliments précieux. Je me plaignais à lui, il y a quelques années, de l'absence d'un aliment convenable pour les malades atteints du typhus. Les aliments solides leur sont interdits, dans l'état d'irritation de l'estomac et du canal intestinal; le lait de vache est fréquemment une cause aggravante de diarrhée, et le bouillon ne contient pas assez d'éléments nutritifs. Il reste le café et le thé, qui sont très-utiles, mais à peine efficaces.

Liebig trouva ce qu'il fallait en montrant de quelle manière on pouvait extraire, sous forme liquide, les éléments nutritifs de la viande. L'infusion de viande préparée, d'après sa formule, à froid, a plus de vertu dans le traitement de la maladie typhoïde que la plupart des autres médicaments. Mais, comme il est nécessaire de varier la nourriture suivant l'exigence de l'état du malade, je fais usage, au grand bénéfice de mes malades, alternativement du lait artificiel et de l'extrait de viande susindiqué.

Pour résumer mon opinion au sujet du lait artificiel :

1° La potion de Liebig, préparée exactement suivant sa prescription, est un aliment de facile digestion autant pour les adultes que pour les enfants. Elle suffit pour la nourriture du corps, même à l'exclusion de tout autre aliment.

2° Dans les deux et trois premiers jours de la naissance, le lait de vache, un peu dilué, suffit à l'alimentation des enfants privés du sein maternel ; à partir de là, le lait Liebig, administré à petites doses, et suivant les circonstances, rendu moins dense par une addition d'eau, peut dispenser de l'emploi de toute autre alimentation. Toutefois il faut prendre soin que l'enfant prenne des boissons en quantité suffisante.

3° L'emploi du lait Liebig est surtout à recommander dans le cas où l'enfant doit être sevré, après avoir été allaité pendant plusieurs semaines au sein maternel.

4° Il est le meilleur adjuvant pour nourrir les enfants auxquels le lait de nourrice est insuffisant, et qui réclament une alimentation plus abondante.

5° Le lait artificiel s'est affirmé comme remède d'une efficacité aussi prompte que surprenante dans des cas nombreux d'enfants affligés de selles vertes, avec leurs conséquences dangereuses, par suite d'une alimentation défectueuse.

6° Le lait artificiel Liebig est utilement employé pour des malades et des convalescents qui réclament une nourriture fortifiante, mais de facile digestion, ainsi qu'on s'en est convaincu dans une multitude de cas. On en a fait usage avec un succès complet, alors que toute espèce d'aliment, même le lait de vache, était refusée par l'estomac.

Par ces conclusions, auxquelles je suis arrivé, et avec moi tous les médecins allemands qui ont employé le lait de Liebig convenablement préparé, on voit que mon opinion bien arrêtée est diamétralement opposée à celle qui a prévalu dans la discussion précitée de l'Académie de médecine. Mes collègues de Paris craignent que le lait artificiel n'entre dans la pratique médicale comme un remède nuisible, tandis que je m'efforce d'établir que ce même lait est à la fois un aliment et un remède mille fois éprouvé avantageusement et chez les enfants et chez les malades de ce côté du Rhin.

Pour M. de Liebig, il est personnellement désintéressé dans le débat, étranger à toute spéculation commerciale; il ne fonde sur le lait artificiel aucune espérance de profit soit en Allemagne, soit en France, soit en Angleterre. C'est donc uniquement au point de vue de la médecine pratique et dans l'intérêt de la science que j'ai cru devoir redresser les assertions et les expériences de M. Depaul.

L'Académie de Paris est un corps très-renommé, chacun de ses arrêts a trop de retentissement pour ne pas en appeler *ad papam melius informandum,* quand on pense qu'une de ses discussions n'est pas suffisamment justifiée.

Veuillez, Monsieur le Président, communiquer cette lettre à l'Académie impériale de médecine dans une des prochaines séances et recevoir l'expression de la haute considération avec laquelle j'ai l'honneur d'être,

Votre obéissant serviteur,

CH. DE PFEUFFER.

FIN.

PARIS. — J. CLAYE, IMPRIMEUR, RUE SAINT-BENOIT, 7.

www.ingramcontent.com/pod-product-compliance
Ingram Content Group UK Ltd.
Pitfield, Milton Keynes, MK11 3LW, UK
UKHW020205200726
13856UKWH00003B/1205